UMILT

Libri EMI di Jorge Mario Bergoglio - Francesco

Jorge Mario Bergoglio, *Guarire dalla corruzione*, 2013
Jorge Mario Bergoglio, *Umiltà, la strada verso Dio*, 2013
Gianni Valente, *Francesco, un papa dalla fine del mondo*, 2013

JORGE MARIO BERGOGLIO
FRANCESCO

UMILTÀ,
LA STRADA VERSO DIO

emi

Titolo originale: *Sobre la acusación de sí mismo*, Editorial Claretiana, Buenos Aires, 2013
Traduzione dallo spagnolo di PIER MARIA MAZZOLA

1ª edizione: *marzo 2013*
1ª ristampa: *marzo 2013*
2ª ristampa: *marzo 2013*
3ª ristampa: *marzo 2013*
4ª ristampa: *marzo 2013*
5ª ristampa: *marzo 2013*

Foto di copertina di AFP/VINCENZO PINTO
Copertina di ZANINI ADV

Via di Corticella, 179/4 - 40128 Bologna
Tel. 051/32.60.27 - Fax 051/32.75.52
www.emi.it
sermis@emi.it

N.A. 2926
ISBN 978-88-307-2136-4

INTRODUZIONE

Nell'iniziare il cammino dell'Assemblea arcidiocesana ho chiesto di metterci tutti in uno spirito di orazione, di pregare molto e di offrire una qualche mortificazione che accompagnasse la preghiera in questo tempo. Ho suggerito che questo sacrificio poteva consistere nel non parlar male gli uni degli altri. Sono consapevole che è una cosa che ci costa, per questo credo che sia una buona offerta.

Lo spirito di unità ecclesiale si vede guastato dalla mormorazione. Sant'Agostino descriveva così questa realtà: «Ci sono degli uomini soliti pronunziare giudizi temerari, maldicenti, brontoloni, mormoratori, pronti a sospettare ciò che non vedono e a lanciare addosso all'altro ciò che nemmeno riescono a sospettare» (Discorso 47). La mormorazione ci porta a concentrarci sulle mancanze e i difetti altrui; crediamo, in questo modo, di sentirci migliori. La preghiera del pubblicano nel Tempio illustra questa realtà (*Luca* 18,11-12) e Gesù ci aveva già avvertito rispetto al guardare la pagliuzza nell'occhio dell'altro ignorando la trave che abbiamo nel nostro.

Parlar male dell'altro è un male per la Chiesa tutta, poiché non si limita al livello di commento, ma passa allo stadio di aggressione (per lo meno nel cuore). Sant'Agostino chiama il mormoratore «uomo senza speranza». «Gli uomini senza speranza quanto meno badano ai propri peccati, tanto più ficcano il naso in quelli degli altri; e li indagano non per correggerli, ma per criticarli. E dato che non possono scusare sé stessi, son sempre pronti ad accusare gli altri» (Discorso 19). A questi uomini, dice Agostino, è «rimasta soltanto la debolezza dell'animosità, la quale tanto più è fiacca quanto più crede di avere maggiori forze» (Esposizione sul Salmo 32,29). Contro questo cattivo spirito (parlar male degli altri) la tradizione cristiana, fin dai primi Padri del deserto, propone la pratica dell'accusa di sé stessi.

Molti anni fa scrissi un articolo sul tema dell'accusa di sé stessi. Benché fosse rivolto a dei giovani religiosi, penso che risulterà adatto a tutti. Lo offro come mio contributo all'Assemblea. L'articolo si ispirava ad alcuni scritti di Doroteo di Gaza, che troverete nella seconda parte del libretto.

Che il Signore ci aiuti a portare avanti l'Assemblea arcidiocesana in spirito di preghiera e offrendo il sacrificio di non parlare male gli uni degli altri.

Buenos Aires, 16 luglio 2005
Festa della Madonna del Carmelo

Jorge Mario Bergoglio

LA STRADA DELL'UMILTÀ

Testo pubblicato nel *Boletín de Espiritualidad* della Provincia Argentina della Compagnia di Gesù, n. 87, maggio-giugno 1984.

1. La riflessione di Doroteo di Gaza ci provoca a impostare il problema dell'*accusa di sé stessi* e la sua rilevanza nella vita spirituale, e in modo speciale come essa incida nell'unione tra i cuori in seno a una comunità.

Non è raro incontrare - nelle comunità religiose, siano esse locali o provinciali - fazioni che lottano per imporre l'egemonia del proprio pensiero e delle proprie preferenze. Questo accade quando l'apertura caritatevole al prossimo viene sostituita dalle idee di ciascuno. Non si difende più il *tutto* della famiglia, ma la *parte* che mi tocca. Non si aderisce più all'*unità* che va a configurare il *corpo di Cristo*, ma al conflitto che *divide*, rende parziali, debilita.

Per i formatori e superiori non risulta sempre agevole educare all'appartenenza allo spirito di famiglia, soprattutto quando è necessario plasmare atteggiamenti interiori, anche piccoli, ma che hanno le loro ripercussioni a questo livello del corpo istituzionale.

Uno degli atteggiamenti validi che devono prendere corpo nel cuore dei giovani religiosi è quello di *accusare sé stessi*, poiché è nella carenza di questa pratica che si radicano lo spirito di parte e le divisioni.

In questo lavoro presenteremo diversi testi di Doroteo di Gaza, preceduti da un breve commento sulle ripercussioni di questo atteggiamento di *accusare sé stessi*.

2. Occorre in primo luogo mettere al bando ogni riferimento anche inconsapevole o qualsivoglia atteggiamento farisaico che presenti l'*accusare sé stessi* come qualcosa di puerile o di tipico dei pusillanimi.

Autoaccusarsi suppone piuttosto un coraggio non comune per aprire la porta a realtà sconosciute e per lasciare che gli altri vedano oltre la mia apparenza. Significa rinunciare a tutti i maquillage di noi stessi perché si manifesti la verità.

Accusare sé stessi (che è solo un mezzo) è la base in cui getta le radici l'opzione fondamentale per l'anti-individualismo, per lo spirito di famiglia e di Chiesa che ci porta a relazionarci come buoni figli e buoni fratelli, per poi arrivare ad essere buoni padri. Accusare sé stessi presuppone un atteggiamento fondamentalmente comunitario.

3. La tentazione dell'individualismo, quella che – crescendo – ci induce alla faziosità nella vita di comunità, si basa sempre su una verità (reale, o parziale, o apparente, o ingannevole).[1] Suole essere una *ragione* che giustifica e al tempo stesso tranquillizza. E questa ragione ha radici nello *spirito di sospetto e di diffidenza*.

Le supposizioni sono come i *futuribili*: sono sempre una tentazione. Lì non c'è Dio, perché Lui è Signore del tempo reale, del passato constatabile e del presente discernibile. Quanto al futuro, è il Signore della Promessa, che richiede a noi fiducia e abbandono.

---

[1] Non sempre il demonio tenta con la menzogna. Alla base di una tentazione può ben esserci una verità, *vissuta* però con un cattivo spirito. È questo l'insegnamento del beato Fabro, il primo compagno di Ignazio di Loyola: «Sentii un altro desiderio durante la Messa, e cioè che tutto il bene che io potessi fare, o pensare, o ordinare ecc., fosse tramite il buono spirito e non tramite quello cattivo. Da lì venni a pensare come nostro Signore non debba considerare buono riformare alcune cose della Chiesa secondo il modo degli eretici; poiché essi, benché in molte cose, come pure fanno i demoni, dicano la verità, non la dicono con lo Spirito di verità, che è lo Spirito Santo» (*Memoriale*, n. 51; cfr. note 84 e 375 dell'edizione in spagnolo, Ediciones Diego de Torres, San Miguel, 1983). Qui si basa – in gran parte – la struttura dell'ideologia. Apparentemente l'ideologia è frutto di una verità, di un'opinione; tuttavia – nella realtà – è frutto della volontà (nella terminologia del beato Fabro, del cattivo spirito). Ne discende che un'ideologia deve essere sempre giudicata non per il suo contenuto quanto per lo *spirito* che la sostiene, che non è esattamente lo Spirito della verità.

Lo spirito di sospetto e diffidenza pretende, in fondo, una verità che mi assicuri contro il fratello: sarà sempre una verità difensiva nei riguardi della partecipazione comunitaria, una verità che giustifichi la mancanza di partecipazione in comunità.

Nell'insegnamento di Doroteo di Gaza, è il demonio in persona a seminare il sospetto nei cuori per dividere. È una fenomenologia inversa a quella dell'Incarnazione: il demonio cerca di *dividere* (tramite il sospetto) per poi *confondere*; il Signore, invece, si presenta sempre - Dio e Uomo - *indivise et inconfuse*.

Quando semina il sospetto, il demonio cerca di convincere con inganni (cfr. *Esercizi spirituali* 315, 332 ecc.)[2] o con mezze verità, al fine di imbrigliare il cuore in convinzioni egoistiche che lo fanno entrare in un mondo chiuso ad ogni obiettività (cfr. regola 13 della Prima Settimana per discernere gli spiriti, ES 326).

4. Il sospetto, seminato dal demonio, configura nel cuore una *regola distorta*, che sfasa (*distorce*) tutta la realtà. Non è facile far cambiare un religioso tentato dalla possessione di una regola distorta. Non si tratta più

[2] Il riferimento è agli *Esercizi spirituali* di Ignazio di Loyola, da qui in poi indicati con la sigla ES (*ndt*).

di quella o quell'altra idea, ma di tutta un'ermeneutica: qualsiasi cosa avvenga, è interpretata in maniera distorta, a motivo dell'adesione a questa *regola distorta*.

In altre occasioni ho fatto riferimento, in questo *Boletín de Espiritualidad*, al «mi hanno fatto un torto» di quelle monache scontente che santa Teresa d'Avila diceva essere l'origine di molti mali nella vita religiosa (cfr. *Cammino di perfezione*, cap. 13).

Il religioso tentato in questo senso finisce col diventare, col tempo, un *collezionista di ingiustizie*: vive censendo tutte le ingiustizie che gli hanno fatto, o che crede che gli altri gli abbiano fatto. Questo lo porta, non di rado, a una certa spiritualità da *vittima di complotto*.

In sociologia, la teoria del complotto è, dal punto di vista ermeneutico, una delle più deboli. Non sta facilmente in piedi né resiste a una critica seria. È una seduzione primaria che favorisce questo tipo di anime che, in fondo, hanno nostalgia degli schemi manichei buono-cattivo (ed esse sono solite collocarsi nel partito dei buoni). La mancanza di contatto con una oggettivazione reale le fa rinchiudere dietro la muraglia di un'ideologia difensiva. Scambiano la dottrina con l'ideologia, il pellegrinare paziente dei figli di Dio con il vittimismo del complotto che gli altri (i cattivi, i potenti, i superiori, i membri della comunità) ordiscono contro di loro. Finiscono avviluppati in *parole* che li imprigionano, confermando il detto che le parole che nascono dalla mente sono un muro, quelle che nascono dal cuore sono un ponte (Špidlík).[3]

Possiamo dire che queste persone hanno l'intelligenza malata. E, confondendo l'intelligenza con il valore intellettuale, dimentichiamo che è il peccato originale ad averla ferita. Quanti non sono quelli che – affermava Daniélou[4] –, orgogliosi del loro valore intellettuale, dimenticano di avere intelligenze profondamente ferite, ammalate e distruttrici (giacché un'intelligenza falsata falsa a sua volta le intelligenze che le stanno intorno)! Non dimentichiamo, però, che un'intelligenza è malata e conserva la sua infermità a causa di una passione che «soffoca la verità» (cfr. *Romani* 1,18 ss.).

5. Di pari passo con questo atteggiamento prende vigore uno *stato di ansietà* che è anch'esso un cattivo

---

3 Tomáš Špidlík (1919-2010), gesuita ceco, è stato teologo e cardinale, autore di numerose opere sulla spiritualità orientale (*ndt*).

4 Jean Daniélou (1905-1974) è stato uno dei grandi teologi francesi che hanno contribuito al Concilio Vaticano II. Fu creato cardinale da Paolo VI (*ndt*).

spirito. Avvezzi a sospettare di tutto, costoro vanno a poco a poco perdendo di vista la pace, che è caratteristica della fiducia nel Signore. La buona soluzione dei conflitti deve passare, secondo loro, per il setaccio del loro continuo controllo. Sono continuamente agitati dall'ansietà, che è il prodotto combinato dell'ira e della pigrizia.

Sono adepti di Erode *turbato* (cfr. *Matteo* 2,3) e dei sommi sacerdoti e farisei, inquieti, che pretendono di metter freno alla forza di Dio con il sigillo di un sepolcro (cfr. *Matteo* 27,62-66). Risolvono ogni timore con l'illusione onnipotente del loro diretto controllo, e non conoscono la dolcezza del Signore che relativizza il potere dei nemici trasformandoli in tizzoni fumanti: «Il cuore del re e il cuore del suo popolo si agitarono, come si agitano gli alberi della foresta per il vento. [...] e il Signore gli disse: "Fa' attenzione e sta' tranquillo, non temere e il tuo cuore non si abbatta per quei due avanzi di tizzoni fumanti"» (*Isaia* 7,2-4).

6. Nel meccanismo del sospetto, dietro la parvenza dell'amore per la verità si cela una raffinata ricerca di piacere. Si vuole salvaguardare una volontà, dietro alle idee. Questi religiosi sono consuetudinari *nimis pro-*

bantes[5] che, con un diluvio di argomenti, non arrivano a provare null'altro se non la loro adesione a un piacere nascosto.

I diffidenti e sospettosi sono strutturalmente avidi. E la loro avidità, suggerita dallo schema manicheo che li ispira, si muove sul *movimento pendolare* tra la ricerca di gioie immaginarie e la difesa da timori immaginari. Chiusi alla generosità paziente della oggettività della vita e al coraggio nobile nella difesa da attacchi reali, essi sono autoconvinti di queste gioie e di questi timori immaginari che colmano la loro anima.

7. Il sospetto e la diffidenza conducono gli esseri umani alla tipica amarezza di quelli che accusano anche Dio. Doroteo di Gaza lo fa notare a proposito del caso di Adamo ed Eva. Così, a poco a poco, questi religiosi vanno allontanandosi dalla verità per ubbidire alla menzogna. Si registra anche, in questo processo di arruolamento nella menzogna, uno sfasamento nella capacità di condanna. Non sanno condannare bene. Confondono la battaglia con il chiasso. Non hanno chiesto, come insegna sant'Ignazio nel *triplice colloquio* del *terzo esercizio*

---

[5] Il riferimento è all'espressione latina «*nimis probans, nihil probans*»: chi dimostra troppo non dimostra niente.

della Prima Settimana, la grazia di *conoscere per aborrire* (EE 62-63). Curiosamente, si tratta di eticisti che controbilanciano la colpa prodotta dal sospettare di tutti con la condotta ostentata e farisaica di non condannare niente e nessuno. Mancando loro il senso dell'oggettività, la loro fantasia *condanna a priori*, sotto apparenza di sospetto, ogni avvicinamento degli altri alla loro vita.

8. La dottrina spirituale dell'*accusa di sé stessi* o del *disprezzo di sé*, che espone Doroteo di Gaza, va incontro a tutte queste tentazioni e cerca di situare il religioso – facendosi eco della tradizione che riceve dai Padri – in una dimensione oggettiva davanti a Dio e agli uomini. Grazie al continuo esercizio dell'autoaccusa, respinge i sospetti e lascia spazio all'azione di Dio, colui che, in definitiva, fa l'unione dei cuori.

Nell'atto di *accusarsi*, il cuore del religioso si *abbassa*, ed è precisamente questo abbassamento interiore che conferisce efficacia agli altri mezzi naturali e tecnici di reciproca intesa.

Questo atteggiamento di abbassamento ha la sua fondazione teologica nell'*abbassamento* del Verbo (la *synkatábasis*), che rende possibile l'accesso a Dio (cfr. la teologia della Lettera agli Ebrei 2,17; 3,7 ss.; 4,14-16; 9).

Pertanto, l'accesso al fratello lo realizza lo stesso Cristo, a partire dal nostro abbassamento.

È questo, precisamente, il *buon avvicinarsi* tipico del cristiano. La maniera di *avvicinarsi bene* ha un connotato qualitativo, che pone ogni relazione di vicinanza religiosa (filiale, fraterna e paterna) in una dimensione escatologica che la realizza *una volta per sempre*.

D'altra parte, è il Signore stesso che, nel nostro *abbassamento*, ci giustifica. I farisei si autogiustificavano («Voi che ricevete gloria gli uni dagli altri», *Giovanni* 5,44). Il giusto cerca unicamente la giustificazione di Dio, e per questo motivo si *abbassa*, si accusa. E così come la giustificazione ci fu data grazie alla croce di Cristo, in un modo universale e irripetibile, anche il nostro camminare sulla via del Signore comporta di assumere, analogamente, l'*abbassamento* della Croce. Accusarsi è assumere il ruolo del reo, come lo assunse il Signore caricandosi delle nostre colpe. L'uomo, invece, si sente degno. Di qui viene la preoccupazione di sant'Ignazio quando consiglia a chi si trova nella consolazione di «abbassarsi e umiliarsi» (cfr. regola 11 del discernimento degli spiriti, EE 324): non accada che il piacere della consolazione lo porti a elevarsi con un merito che non è suo.

9. Accusare sé stessi è sempre un atto di umiliazione che conduce all'umiltà. E quando uno opta per il cammino dell'umiliazione, opta necessariamente per la lotta e per il trionfo.

Secondo Massimo il Confessore,[6] la *synkatábasis* del Verbo è un'esca lanciata al demonio, che la inghiotte e muore: «In questo modo offre alla voracità insaziabile del drago infernale l'esca della sua carne, eccitandone l'avidità; esca che, nel morderla, si sarebbe convertita per lui in veleno mortale e causa della sua totale rovina, per la forza della divinità che portava occulta nel suo interno; questa stessa forza sarebbe servita, invece, di rimedio per la natura umana, restituendola alla sua primitiva dignità» (Centuria I,12). Umiliarsi suppone in qualche modo attrarre l'attenzione del Diavolo, lottare, sottomettersi alla tentazione, però – infine – trionfare.

Questo atteggiamento – al contrario della diffidenza che produceva ansietà – sfocia nella mansuetudine e nella pazienza. Le *Regole della Modestia* che scrisse sant'Ignazio hanno il loro fondamento in un paragrafo delle *Costituzioni* che descrive tale stato di mansuetudine: «Mettano tutti una cura speciale per custodire con

[6] Padre della Chiesa del VII sec., di origine palestinese (*ndt*).

molta diligenza da ogni disordine le porte dei loro sensi, specialmente degli occhi e della lingua. Si mantengano nella pace e nella vera umiltà dell'anima, e ne diano testimonianza col silenzio, quando è tempo d'osservarlo, e quando si deve parlare, facendo attenzione alle parole e dando così edificazione con la modestia del volto e la maturità nel camminare, e con tutti gli altri gesti, *evitando ogni indizio d'impazienza e di superbia*. E cerchino e desiderino in tutto di cedere agli altri, *interiormente stimandoli quasi fossero superiori*, ed esteriormente manifestando loro il rispetto e la deferenza consentita dalla condizione di ciascuno, con naturalezza e semplicità religiosa. In tal modo, considerandosi gli uni gli altri, cresceranno in devozione e loderanno Dio nostro Signore, che ciascuno deve sforzarsi di riconoscere nell'altro come nella sua immagine» (*Costituzioni*, 250).

Questo testo evoca il capitolo 12 della Lettera ai Romani, e i molti altri testi paolini in cui si parla dei «frutti dello Spirito». Ed è esattamente su questo cammino dell'accusare sé stessi che si giunge all'opinione di sé che aveva sant'Ignazio: di essere «tutto impedimento».[7]

---

[7] Il testo originale, in una lettera di Ignazio di Loyola del 1545 a Francesco Borgia, suona così: «*Yo para mi me persuado, que antes y después soy todo impedimento*» (*ndt*).

La mansuetudine cristiana si edifica su questa strada; trascende l'ambito delle regole delle buone maniere per raggiungere – nella mansuetudine dell'Agnello – la sua radice profonda e il suo modello compiuto.

Chi si autoaccusa lascia spazio alla misericordia di Dio; è come il pubblicano che non osa alzare gli occhi (cfr. *Luca* 18,13). Colui che sa accusare sé stesso è una persona che saprà sempre *avvicinarsi bene* agli altri, come il buon samaritano, e – in questo avvicinamento – Cristo stesso realizzerà l'accesso al fratello.

Può aiutare la comprensione di tutte queste cose una lettura attenta dei capitoli 2 e 3 del Libro II dell'*Imitazione di Cristo*: sulla «umile sottomissione» e su «colui che ama il bene e la pace».

Doroteo di Gaza

DELL'ACCUSA DI SÉ STESSI

Istruzione n. 7*

79. Conviene investigare, fratelli, sul perché del fatto che talvolta uno sente una parola spiacevole, e la sente senza turbarsi, come se non avesse udito nulla; e altre volte uno subito si turba. Dove sta la causa di tale differenza? Credo che ci siano molte ragioni, ma penso che sia una sola quella che genera, per così dire, tutte le altre. Mi spiego: un fratello, per esempio, conclude la sua preghiera o una buona meditazione e, di conseguenza, si trova in una *buona forma*; sopporta il fratello e continua ad accudire alle sue faccende senza turbarsi. Un altro, invece, che ha affetto per il suo fratello, in forza di questa simpatia sopporta tranquillamente tutto ciò che da questo fratello gli viene. E accade anche che un fratello

---

* La numerazione dei paragrafi di questo capitolo e del successivo corrisponde a quella della edizione di Sources Chrétiennes, DOROTHÉE DE GAZA, *Oeuvres spirituelles*, Cerf, 1963.

disprezzi colui che gli causa qualche tristezza, non tenga in alcun conto tutto quello che viene da lui e neppure gli presti attenzione come persona, poiché non lo considera né in quello che dice né in quello che fa.

80. C'era nel monastero, prima che io lo lasciassi, un fratello che non vedo mai turbato né adirato con chicchessia. Allo stesso tempo, osservavo che molti dei fratelli lo trattavano male e l'offendevano in diversi modi. Quel giovane monaco sopportava ciò che gli altri gli facevano come se nulla, assolutamente, lo molestasse. Io non cessavo di ammirare la sua eccessiva pazienza, e desideravo sapere come avesse acquisito quella virtù. Un giorno lo chiamai in privato e facendogli un inchino lo invitai a dirmi quali erano i pensieri che custodiva nel suo cuore, nel dimostrare tanta pazienza in mezzo agli oltraggi e ai castighi che doveva sopportare. Mi rispose semplicemente e senza giri di parole: «Ho l'abitudine di tenermi, di fronte a quelli che mi trattano in quel modo, come i cagnolini con i loro padroni». Davanti a quelle parole, misi la coda fra le gambe e dissi a me stesso: «Questo fratello ha trovato il cammino». Dopo essermi fatto il segno della croce lo lasciai, domandando a Dio protezione per entrambi.

81. Talora uno non si turba a motivo del disprezzo: sarebbe manifestamente disastroso. Quando uno però si turba a causa di un fratello che ci infligge una pena, l'origine di tale turbamento può venire sia da una cattiva disposizione del momento, sia dall'avversione che si prova per quel fratello. Si possono anche sostenere ragioni molto diverse. Ma se cerchiamo con cura la causa del turbamento, ci ritroviamo sempre con qualcosa in comune: il fatto di non accusare sé stessi. Da lì viene il nostro abbattimento e il fatto di non saper trovare pace nella contraddizione. Non c'è da stupirsi se tutti i santi dicono che non c'è altra strada all'infuori di questa. Nessuno ha trovato riposo seguendo un altro cammino, né possiamo noi pensare di trovarlo per seguire un cammino retto, se mai acconsentiamo ad accusare noi stessi. Uno, certo, può fare mille opere buone, ma se non segue questa strada non smetterà mai di far soffrire e di soffrire egli stesso, perdendo così ogni merito.

Che gioia, invece, che riposo non gusterà, ovunque egli vada, colui che accusa sé stesso, come ha detto Abba Pimen! Di qualsiasi danno, oltraggio o pena che possa venire su di lui, si giudicherà degno a priori, e mai si turba. Esiste uno stato più esente da preoccupazioni di questo?

82. Qualcuno però dirà: se un fratello mi molesta e – esaminandomi – verifico di non avergli dato alcun pretesto, come potrei accusarmi? In realtà, se uno si esamina onestamente e con timor di Dio, certamente si renderà conto che avrà dato qualche pretesto, con un atto, una parola o un atteggiamento. E se egli giungerà a vedere che nulla di tutto ciò ha costituito un minimo pretesto per il caso attuale, è verosimile che abbia mancato alla carità contro quel fratello in un'altra occasione per la stessa causa o per un'altra, o che abbia fatto soffrire un altro fratello, e precisamente per questo o per un altro peccato diverso che abbia commesso merita l'attuale sofferenza. Pertanto, chi si esamina con timor di Dio e scruta accuratamente la propria coscienza si troverà sempre in qualche modo responsabile.

Avviene anche che un fratello, credendo di stare in pace e tranquillità, si turba per una parola urtante che un altro gli ha appena detto, e ritiene di aver ragione ad arrabbiarsi, poiché pensa: «Se questo fratello non fosse venuto a parlarmi o turbarmi, non avrei peccato». Questa è un'illusione, un falso ragionamento. È colui che ha detto quella parola che vi ha immesso della passione? *Semplicemente, con quella parola gli ha rivelato la passione che già parlava in lui*, affinché si penta, se lo vuole.

Quel fratello assomiglia a un pane di puro frumento di bell'aspetto fuori, ma che – una volta spezzato – lascia vedere il suo marciume interiore. Si credeva in pace, ma c'era in lui una passione che egli ignorava o che non teneva in considerazione. Una sola parola del suo fratello ha portato alla luce il marcio occulto del suo cuore. Se vuole ottenere misericordia, che si penta, si purifichi e – alla fine – si accorgerà di dover piuttosto ringraziare il suo fratello, che è stato per lui causa di tanto beneficio.

83. Su questo cammino, le prove non lo fiaccheranno troppo e, quanto più progredirà, tanto più leggere gli sembreranno. Nella misura, infatti, in cui l'anima cresce, diventa più forte e capace di sopportare quanto le succede. È come un animale da soma: se è robusto, porta agevolmente il pesante fardello di cui viene caricato. Se anche perde l'equilibrio, si rialza subito, non ne soffre. Se è debole, però, ogni carico lo sfianca e – una volta caduto – gli sarà necessario molto aiuto per tornare ad alzarsi.

Così per l'anima. S'indebolisce ogni volta che pecca, giacché il peccato esaurisce e corrompe il peccatore. Una difficoltà da niente, ed è subito sfinita. Se invece un uomo avanza nella virtù, quello che in passato lo stremava diviene per lui progressivamente più lieve. Questo rappresenta per noi un grande vantaggio, una sorgente abbondante di riposo e di progresso, che rende responsabili noi stessi, e non quello che accade, una volta che nulla ci può capitare senza la Provvidenza di Dio.

84. Qualcuno, però, potrà dire: come non tormentarmi, se ho necessità di una cosa e non la ricevo? In tal caso sarebbe spinto dalla necessità. Anche qui non ci sarebbe allora spazio per accusare l'altro, né per essere disgustato nei confronti di qualcuno. Chi pensa di avere realmente necessità di una cosa e non la riceve, deve dire a sé stesso: «Cristo sa meglio di me se io devo ottenere soddisfazione, e lui stesso si occuperà di questa cosa o di questo alimento». I figli d'Israele mangiarono la manna nel deserto per quarant'anni e, benché essa fosse la stessa per tutti, per ciascuno quella manna si trasformava in ciò che desiderava: salata per chi la voleva salata, dolce per chi la desiderava dolce, adattandosi all'indole di ognuno (cfr. *Sapienza* 16,21). Se poi uno ha bisogno di mangiare uova e riceve solo verdura, dica a sé stesso: «Se mangiare un uovo mi fosse stato utile, Dio certamente me lo avrebbe inviato. E poi, è possibile che questa verdura sia per me come se avessi mangiato un uovo». Sono

certo che il Signore glielo terrà in conto, come se fosse martirio. Perché, se è davvero degno di essere ascoltato, Dio inclinerà il cuore dei saraceni ad essere misericordiosi a misura della sua necessità. Ma se lui non è degno, o ciò che chiede non gli è utile, non avrà soddisfazione fino a quando Egli non faccia un cielo nuovo e una terra nuova.

È certo che a volte uno riceve più delle sue necessità e a volte meno. Posto che Dio, nella sua misericordia, provvede a ognuno ciò che gli è necessario, se Egli dà il superfluo è per mostrargli il suo eccesso di tenerezza, e insegnargli ad essere grato. Quando invece Egli non dà il necessario, supplisce con la sua parola alla cosa di cui si ha bisogno, e gli insegna la pazienza. Così in tutto – che riceviamo il bene o il male – dobbiamo guardare in alto, e render grazie a Dio per tutto quello che accade, senza mai cessare di accusare noi stessi, e dire con i Padri: «Se ci succede qualcosa di buono, è per disposizione divina; se ci avviene il male, è a causa dei nostri peccati».

Davvero tutte le nostre sofferenze vengono dai nostri peccati. I santi, quando soffrono, soffrono per il nome di Dio o per la manifestazione della sua virtù, per il vantaggio di molti o per l'aumento della ricompensa che verrà loro da parte di Dio. Ma come potremmo fare lo stesso noi, poveri miserabili? Ogni giorno pecchiamo e ci lasciamo portare dalle nostre passioni; abbiamo abbandonato il *retto cammino* che ci hanno mostrato i Padri e che *consiste nell'accusare noi stessi*; al contrario, seguiamo *il cammino tortuoso in cui ognuno accusa il prossimo*. Ognuno di noi, in ogni circostanza, si affretta a buttare la colpa sul fratello e a caricarlo di pesi. Viviamo nella negligenza, senza curarci di niente, e – per un altro lato – domandiamo conto al prossimo di come lui compie i comandamenti.

85. Due fratelli in lite tra di loro un giorno vennero a vedermi. Il più anziano diceva dell'altro: «Quando gli do un ordine si infastidisce, e io pure, poiché penso che se lui avesse fiducia e carità verso di me rispetterebbe di buon grado quello che gli dico». Il più giovane diceva: «Che la tua Reverenza mi perdoni: è indubbio che egli non mi parla con timore di Dio ma con la volontà di comandarmi, ed è per questo – penso io – che il mio cuore non ha fiducia, secondo la parola dei Padri».

Notiamo come quei due fratelli si accusassero mutuamente, senza che né l'uno né l'altro accusasse sé stesso.

Altri due, irritati l'uno contro l'altro, si facevano inchini ma nutrivano reciproca diffidenza. Il primo diceva: «Non mi ha fatto l'inchino di buon grado, e per questo non ho avuto fiducia, secondo la parola dei Padri». L'altro diceva: «Non aveva nei miei riguardi nessuna disposizione caritatevole, prima che gli presentassi le mie scuse; per questo nemmeno io ho fiducia in lui». Vedete la perversione dello spirito umano? Sa Dio come mi preoccupa vedere che utilizziamo perfino le parole dei Padri per servire le nostre cattive volontà e perdere le nostre anime. Occorreva che ciascuno accusasse sé stesso. L'uno doveva dire: «Non è di buon grado che ho fatto l'inchino al mio fratello; per questo il Signore non ha riposto la sua fiducia in lui». E l'altro: «Io non avevo alcuna disposizione caritatevole nei suoi confronti prima del suo inchino; per questo Dio non ha riposto la propria fiducia in lui». E sarebbe stato necessario che anche i primi due facessero lo stesso. L'uno avrebbe dovuto dire: «Io parlo con sufficienza, per questo Dio non dà fiducia al mio fratello». E l'altro: «Il mio fratello mi dà ordini con umiltà e carità, ma io sono indocile e non ho timore di Dio». In realtà, nessuno dei due trovò la strada… nessuno accusò sé stesso. Anzi, ognuno accusò il suo prossimo.

86. È questa la ragione per cui non riusciamo a progredire e non arriviamo ad essere, anche solo un poco, utili. Passiamo piuttosto il nostro tempo a corromperci con pensieri reciprocamente ostili, e a tormentarci noi stessi. Ognuno si giustifica, ognuno si trascura, come ho detto, senza osservare niente; e – per un altro lato – preferiamo chiedere conto al prossimo della sua osservanza dei comandamenti.

Per questo non ci abituiamo al bene: non appena riceviamo un poco di autorità, immediatamente chiediamo conto al prossimo e lo accusiamo dicendo: «Dovrebbe fare questo; perché ha agito così?». Invece, perché non domandiamo conto a noi stessi dei comandamenti e non ci accusiamo di non osservarli?

Ricordiamo quel santo vegliardo al quale domandavano: «Qual è la cosa più grande che trovi in questo cammino?». E avendo risposto «accusare sé stessi in tutto», chi lo aveva interrogato lo elogiò: ed egli soggiunse: «Non c'è altro cammino all'infuori di questo».

Allo stesso modo Abba Pimen diceva con gemiti: «In questa casa sono entrate tutte le virtù eccetto una, e senza di essa a malapena l'uomo può reggersi in piedi». E avendogli domandato gli astanti quale fosse quella virtù, egli rispose: «Accusare sé stessi».

Anche sant'Antonio diceva che il grande lavoro dell'uomo è farsi carico del proprio peccato davanti a Dio, e aspettarsi tentazioni fino all'ultimo sospiro.

Da ogni parte troviamo che i Padri, osservando questa regola e riferendo tutto a Dio, anche le piccole cose, hanno incontrato la pace.

87. Così si comportò quel santo anziano che era ammalato, e al quale il discepolo mise nel cibo olio di lino, che è molto nocivo, al posto del miele. L'anziano non disse nulla, mangiò in silenzio una prima e una seconda porzione, quello che gli era necessario, senza accusare interiormente il suo fratello né pensare che avesse agito con trascuratezza, e senza nemmeno dire una sola parola che potesse rattristarlo. Quando il fratello si rese conto di quello che aveva fatto, cominciò ad affliggersi e a dire: «Ti ho dato la morte, abate, e sei tu che mi hai fatto commettere questo peccato, con il tuo silenzio». Ma l'anziano gli rispose con dolcezza: «Non ti affliggere, figlio mio. Se Dio avesse voluto che io mangiassi miele, sarebbe stato miele quello che tu mi avresti presentato». E in quel modo riferì immediatamente tutto l'affare a Dio. Però, buon vecchio, che cos'ha a che vedere Dio con questo assunto? Il fratello ha commesso un errore

e tu dici: «Se Dio avesse voluto...»? Dov'è il rapporto tra le due cose? «Se Dio – aggiunse il vegliardo – avesse voluto che io mangiassi miele, il fratello avrebbe messo il miele». Egli era malato, aveva passato molti giorni senza toccare cibo; eppure non si adirò con il fratello: riportando la cosa a Dio, conservò la calma. Bene parlò l'anziano, visto che sapeva che se Dio avesse voluto che egli mangiasse miele avrebbe trasformato in miele anche quell'olio infetto.

88. Quanto a noi, fratelli, *con quanta frequenza non ci scagliamo contro il nostro prossimo opprimendolo di rimproveri e accusandolo di disprezzo e di agire contro la sua coscienza!* Abbiamo udito una parola? Subito la prendiamo per male e diciamo: «Se non avesse voluto ferirmi, non avrebbe parlato così».

Dov'è quel santo che diceva, rispetto a Semei, «se maledice, è perché il Signore gli ha detto: "Maledici Davide!"»? Forse che Dio ordina a un assassino di maledire il profeta? In che modo Dio glielo avrebbe detto? Nella sua sapienza, però, il profeta ben sapeva che nulla attrae tanto la misericordia di Dio sull'anima come le tentazioni, soprattutto quelle che sopravvengono in tempi di oppressione e di persecuzione. E rispose: «Lasciatelo maledire, poiché glielo ha ordinato il Signore». Ma per quale motivo? «Forse il Signore guarderà la mia afflizione e mi renderà il bene in cambio della maledizione» (*2 Samuele* 16,10-12). Vedi con quale sapienza il profeta agiva. Si arrabbiava con quelli che volevano castigare Semei che lo malediceva: «Che ho io in comune con voi, figli di Seruià? – diceva lui –. Lasciatelo maledire, poiché glielo ha ordinato il Signore».

Quanto siamo lontani, noi, dal dire, riguardo a un nostro fratello: «Glielo ha ordinato il Signore»! Anzi al contrario, non appena abbiamo udito una sua parola, abbiamo la stessa reazione di un cane cui si tira un sasso: lascia stare quello che l'ha scagliato e va a mordere il sasso. Così facciamo noi: abbandoniamo Dio che permette che siamo sottoposti a prove per purificarci dai nostri peccati e ci avventiamo sul nostro prossimo dicendogli: «Perché mi hai fatto questo?». E quando potremmo trarre un gran profitto da queste sofferenze, ci perdiamo in trappole che tendiamo a noi stessi, e non riconosciamo che tutto accade per Provvidenza divina, secondo quanto è buono per ognuno. Che Dio ci dia intelligenza attraverso le preghiere dei santi. Amen.

Altri testi
(tratti da diverse *Istruzioni* e *Lettere*)

9. [Parlando di Adamo] *Quando un uomo non si abitua ad accusare sé stesso, non teme di accusare anche Dio.*

[Parlando di Adamo ed Eva] Ma nessuno dei due si degnò di accusare sé stesso, e né l'uno né l'altra hanno mostrato la minima umiltà.

10. [Parlando di Adamo ed Eva] Adesso vedete chiaramente in quale stato siamo finiti, a quanti mali ci ha portato la mania di giustificarci (negare l'errore); la fiducia in sé stessi e l'aggrapparsi alla propria volontà: sono i germogli dell'orgoglio, nemico di Dio. Invece *i modi dell'umiltà sono l'accusa di sé, la sfiducia nel proprio giudizio e l'odio per la volontà propria*, i quali permettono di ristabilire lo stato di natura attraverso la purificazione dei santi comandamenti di Cristo.

91. Abba Zosima, quando gli domandarono di spiegare la sentenza «dove non c'è irritazione, non c'è lotta», diceva: effettivamente, se all'inizio del turbamento,

quando appaiono il fumo e le faville, si gioca d'anticipo accusando sé stessi e umiliandosi, prima che si accenda la fiamma dell'irritazione, si rimane in pace.

101. Ogni peccato trae origine ora dall'amore per il piacere, ora dall'amore per il denaro, ora dalla vanagloria. Anche la menzogna viene da queste tre passioni. Si mente sia per evitare di essere accusati e umiliati, sia per soddisfare un desiderio, sia per ottenere un guadagno.

L'uomo menzognero non smette di lambiccare nella sua immaginazione tutti i sotterfugi possibili per raggiungere il suo fine.

187. Lotta per trovare in ogni circostanza il modo di accusarti, e mantieni con forza il distacco con scienza.[8]

Credi che tutto quello che ci accade, anche i minimi dettagli, viene dalla Provvidenza di Dio, e sopporterai senza impazienza tutto ciò che verrà. Credi che il

---

[8] «Il distacco (*apsíphiston*) con scienza» non è di facile traduzione dal greco, poiché riassume tesori di analisi e di esperienza (cfr. I. HAUSHERR, *Penthos*, Cistercian Publications, 1982, p. 104). Potrebbe significare il distacco totale che si manifesta nella condotta abituale, o almeno nella determinazione di non voler attribuirsi né accettare da altri qualsivoglia tipo di superiorità (cfr. HAUSHERR, *Direction spirituelle en Orient autrefois*, Orientalia Christiana, 1981, p. 317).

disprezzo e le offese sono rimedi contro l'orgoglio della tua anima, e prega per quelli che ti trattano male, considerandoli veri medici. Convinciti che chi aborrisce l'umiliazione aborrisce l'umiltà, e che chiunque evita le persone irritanti fugge la dolcezza.

Non cercare di conoscere il male del tuo prossimo, e non alimentare sospetti contro di lui. E se la nostra malizia li fa nascere, cerca di trasformarli in pensieri buoni.

196. Mettiti in testa che hai dato pretesto alla tentazione, benché – per il momento – non ne trovi la causa. Accusa te stesso e abbi pazienza e prega, e io ho fiducia che la tenerezza del buon Signore Cristo allontanerà la tentazione.

30. In verità, nulla è più prezioso dell'umiltà, nulla più importante di essa. Se all'umile capita qualche male, immediatamente fa ritorno su di sé, ed egualmente giudica che lo ha meritato. E non si permette di riprovare altri né di incolpare chicchessia. Semplicemente sopporta, senza turbamento, senza angoscia e in tutta quiete. «L'umiltà non si irrita né irrita nessuno». Bene ha detto il Santo: prima di ogni altra cosa abbiamo bisogno dell'umiltà.

63. Abba Pimen diceva che la propria volontà è un muro di ferro tra l'uomo e Dio. E aggiungeva: «È una pietra d'inciampo» (un macigno che respinge), dal momento che affronta la Volontà di Dio e le frappone ostacoli. Se un uomo rinuncia alla sua volontà, può ben dire: «Con il mio Dio scavalcherò le mura. La via di Dio è perfetta» (*Salmi* 18,30-31). Che ammirevoli parole! Perché quando si è rinunciato alla propria volontà, si cammina, senza nulla recriminare, sulla strada di Dio. E se gli si obbedisce chiaramente, si vede che il cammino di Dio è perfetto.

98. «*Non fidarti mai dei tuoi sospetti, perché una regola distorta rende storto anche ciò che è diritto. I sospetti sono ingannevoli e dannosi…*» (detto di Abba Giovanni). Nulla di più grave dei sospetti. Sono talmente pregiudizievoli che, *alla lunga, giungono a persuaderci e a farci credere con evidenza che vediamo delle cose che non esistono o non sono mai esistite.*

97. Il sospettoso mente con la parola. Se vede uno che parla con un fratello, pensa: «Stanno parlando di me»; e se smettono di parlare, allora pensa che è a causa della sua presenza. Se uno dice una parola, sospetta che è per

offenderlo. Insomma, in qualsiasi cosa egli sospetta del prossimo e dice: «È per me che ha fatto la tal cosa; è per me che ha detto la tal'altra cosa». Tale è colui che mente con il pensiero: *non dice nulla secondo verità, ma tutto per congettura. Da qui vengono le curiosità indiscrete, la maldicenza, l'abitudine di tendere l'orecchio, di discutere, di giudicare.*

Succede, ancor più, che *uno fabbrica i suoi propri sospetti* e che ben presto i fatti ne manifestano la verità. Di modo che, mentre afferma il suo desiderio di emendarsi, c'è chi non cessa di spiarsi intorno dicendosi: «Quando si parla contro di me, mi rendo conto dell'errore che mi si rimprovera e mi correggo». Però il principio stesso di questo comportamento viene dal Maligno. Perché è precisamente a causa di una menzogna che quella persona ha cominciato a esaminarsi: nella sua ignoranza ha congetturato quello che non sapeva. E allora, come può un albero cattivo dare frutti buoni? Se quella persona vuole davvero correggersi, allora non si turbi quando un fratello le dice «non fare così» o «perché lo hai fatto?», ma gli faccia un inchino e lo ringrazi. Allora sì che si emenderà. E se Dio vuole che questa sia la sua volontà, non lascerà che si perda, ma lo invierà certamente a chi lo dovrà correggere. E quanto al dire «è per mia correzione che do credito ai miei sospetti», e anche all'andare spiando e prendendo nota su di sé tutt'intorno, tutto questo è una falsa giustificazione ispirata dal diavolo che vuole ingannarci.

100. Impariamo a *non fidarci mai delle nostre supposizioni*. Nessun'altra cosa come questa allontana l'uomo dall'occuparsi dei propri peccati, poiché lo porta a occuparsi costantemente di quello che per lui non è importante. Da qui non esce nulla di buono ma mille problemi, mille sofferenze, e l'uomo non perviene mai ad acquisire la pace del timore di Dio. Per questo, quando la nostra menzogna interiore semina in noi dei sospetti, trasformiamoli, nell'atto stesso, in buoni pensieri, e non ci faranno male. I sospetti e le supposizioni sono pieni di malizia e non lasciano mai l'anima in pace. Questa è la menzogna del pensiero.

192. [Lettera a un fratello che interrogò Doroteo sull'insensibilità dell'anima e sul raffreddarsi della carità] Contro l'insensibilità dell'anima, fratello, è utile leggere continuamente le divine Scritture, come altresì le sentenze *catanycticas* (adatte per produrre la compunzione) dei Padri teofori, che invitano a pensare ai ter-

ribili giudizi di Dio, a ricordarci che l'anima uscirà dal corpo e si incontrerà con i tremendi Poteri contro i quali ha commesso il male in questa breve e miseranda vita; che dovrà anche comparire davanti al tribunale terribile e incorruttibile di Cristo per rendere conto davanti a Dio, ai suoi angeli e a tutte le creature. Render conto non solo delle azioni ma anche delle parole, dei pensieri. Ricordati costantemente anche di queste parole che dirà il giudice terribile e giusto a quelli che staranno alla sinistra: «Via, lontano da me, maledetti, nel fuoco eterno, preparato per il diavolo e per i suoi angeli» (*Matteo* 25,41). È buona cosa ricordare anche le grandi tribolazioni umane, perché anche in questo modo l'anima dura e insensibile si ammorbidisce e prende coscienza della propria miseria.

Quanto all'*indebolimento della carità fraterna, esso viene dal fatto che acconsenti a pensieri di sospetto*, e che ti fidi del tuo cuore, e che non vuoi soffrire nulla contro la tua volontà. Devi, in primo luogo, con l'aiuto di Dio, non fare alcun caso dei tuoi sospetti (supposizioni), e applicarti piuttosto con tutte le tue forze a umiliarti davanti ai fratelli, e ad abnegare per loro la tua volontà. Se uno di loro ti ingiuria o ti affligge, prega per lui, come hanno detto i Padri, pensando che ciò ti procurerà grandi benefici e ti guarirà dall'amore per il piacere. Per questo cammino la tua ira si placherà, essendo la carità – per i santi Padri – «un freno alla collera». Innanzitutto, però, chiedi a Dio che ti conceda uno spirito sveglio e lucido per conoscere «ciò che è buono, a lui gradito e perfetto» (*Romani* 12,2), con la forza di rimanere disposto e pronto per ogni opera buona.

Enzo Bianchi

DISCEPOLI DEL MITE E UMILE DI CUORE

A papa Francesco
che mi ha ispirato queste parole:
con umile amore
in spiritu lenitatis

Doroteo di Gaza

Chi era Doroteo, «questo imitatore di Colui che è mite e umile di cuore» – come lo definisce la lettera di accompagnamento dei suoi *Insegnamenti spirituali* – diventato uno dei padri più letti e più amati di tutta la tradizione monastica bizantina?

Nato agli inizi del VI secolo nella città di Antiochia, Doroteo proveniva da una famiglia agiata e aveva ricevuto una solida formazione umana e cristiana. Egli stesso racconta come, prima di entrare in monastero, la sua passione per lo studio fosse tale che si dimenticava perfino di mangiare. Può forse essere considerato il più «intellettuale» dei tre padri di Gaza. Sebbene i suoi scritti non abbiano ambizioni teologiche, in quanto dettati da finalità eminentemente pratiche, si avverte tuttavia in essi l'eco dei grandi padri, che l'autore ha letto e meditato, come Basilio di Cesarea, Evagrio Pontico, Origene, Isaia di Gaza, oltre ai padri del deserto egiziano, che in quest'epoca erano ancora in parte tramandati oralmente.

Verso il 525 Doroteo entra nel cenobio di Abba Serido, vicino a Gaza, nei pressi del quale vivono i due reclusi Abba Barsanufio e Abba Giovanni detto «il profeta», gli altri due grandi padri di Gaza e maestri di Doroteo. Per nove anni quest'ultimo presta servizio come segretario di Abba Giovanni, finché viene associato a Serido nella guida della comunità. Ma, dopo la morte di quest'ultimo, lascia il monastero e ne fonda un altro tra Gaza e Maiuma: la decisione è dettata forse dal fatto che, dopo la morte dei suoi padri spirituali, è cresciuta tra i monaci l'opposizione nei suoi confronti. Sia dalle *Lettere* di Barsanufio e di Giovanni, che dalla *Vita di Dositeo* e dagli *Insegnamenti spirituali* di Doroteo ci è dato infatti di intuire che all'interno del cenobio di Abba Serido vi era una tensione tra due ideali di vita monastica: uno di tipo più anacoretico, e un altro di tipo più cenobitico, rappresentato da Doroteo. Quest'ultimo desiderava una comunità in cui tutti i fratelli, custodi l'uno dell'altro, camminassero insieme nell'umiltà e nella carità verso l'incontro con il Signore.

L'accusa di sé come «via della pace»

L'ascesi cristiana ha lo scopo di ricostruire nell'uomo – in modo mai definitivo – l'equilibrio infranto dal peccato, e di risvegliare il credente dal torpore e dall'assopimento che lo minacciano, per renderlo attento alla parola del Signore. La relazione piena con il Signore presuppone la partecipazione del corpo umano, l'ascesi del corpo. Molto presto, tuttavia, per effetto di influssi riconducibili all'ambiente filosofico-religioso ellenistico, entrano nell'ascesi cristiana motivazioni e pratiche estranee al vangelo. Tra gli stessi padri del deserto egiziano troviamo una vivace opposizione a un'ascesi non ispirata più dalla Scrittura, ma diventata un fine in sé stessa, un'ascesi «diabolica», perché, lungi dal condurre l'uomo all'umiliazione di sé, lo porta sulla via dell'orgoglio spirituale. Questo discernimento e questa relativizzazione delle pratiche ascetiche, e soprattutto la loro sottomissione al precetto primo della carità, emerge in modo ancor più evidente nei padri della tradizione cenobitica, cui Doroteo implicitamente si ricollega.

Per lui, infatti, più che nell'ascesi esteriore la grande lotta del cristiano consiste nell'*ascesi dell'io*, nella disciplina dell'*ego*, ossia nella rinuncia alla «volontà propria», per cercare il bene comune e acconsentire alla volontà di Dio. «Chi è attaccato alla propria volontà come può sopportare un altro o come può ascoltare il minimo consiglio?» (*Insegnamenti* 5,63). La grande ascesi possibile a tutti, forti e deboli, è quella di «spezzare la volontà propria», il proprio modo autoreferenziale di vedere le cose, i propri pensieri, per entrare nei pensieri di Dio. Alla volontà propria infatti si associa sempre, secondo Doroteo, una «pretesa di giustizia» (cfr. *Insegnamenti* 5,63), l'atteggiamento del fariseo che si compiace della propria giustizia e disprezza il pubblicano. Chi segue questa via potrà anche compiere opere buone, ma «non smetterà mai di far soffrire gli altri e di soffrire lui stesso, e tutta la sua fatica sarà vana» (*Insegnamenti* 7,81). Sarà fonte di sofferenza per sé e per gli altri, perché la convinzione di essere giusti porta a vedere il peccato solo «fuori di sé» e a disprezzare gli altri; porta alla critica distruttiva e alla mormorazione che distruggono la comunione, alla durezza di cuore propria di chi crede di non aver bisogno di misericordia e non fa misericordia. La via della pace è l'accusa di sé, il riconoscersi sempre peccatore. Anche di fronte alle accuse ingiuste, chi è umile ritiene che gli sia stata comunque ricordata una verità: la sua realtà di peccatore, bisognoso della misericordia di Dio, e «si scopre sempre responsabile di quel che è accaduto» (*Insegnamenti* 7,82), scopre cioè che può sempre dare una risposta conforme al vangelo.

Uno dei maestri di Doroteo, Abba Zosima, diceva che occorre pensare a chi ci fa del male «come a un medico inviato da Cristo», come a «un benefattore». Per chi non si pretende giusto, tutto è un appello alla conversione, a rientrare in sé stesso e a scoprire la solidarietà con i peccatori. Quando invece «ciascuno si autogiustifica, ciascuno trascura sé stesso… non obbedisce a nulla e poi chiede conto dei comandamenti agli altri!» (*Insegnamenti* 7,86). La pretesa di giustizia si traduce in ostinazione; alla realtà si sostituisce una visione falsa di sé stessi, facendo ricorso alla menzogna, alla parola non vera per difendersi.

Doroteo fa proprio il pensiero di Teofilo di Alessandria, che vede nell'accusa di sé il segreto cuore della vita cristiana. Ad alcuni che gli chiedevano: «Che cosa hai trovato di speciale in questa via?», egli rispose: «L'accusare e il biasimare sé stessi» (*Detti dei padri*, Teofilo 1). Di tenore simile è un altro detto dello stesso padre in risposta alla monaca Teodora, che gli chiedeva che cosa significasse l'espressione dell'apostolo Paolo «riscattando il tempo» (cfr. *Ef* 4,16 e *Col* 4,5); e Teofilo rispose:

L'espressione indica il guadagno. Per esempio: c'è un tempo in cui sei offesa? Compra il tempo dell'offesa con l'umiltà e la pazienza, e traine guadagno. È tempo di ingiuria? Con la rassegnazione compra il tempo e guadagna; se ti accusano ingiustamente, traine guadagno con la sopportazione e la speranza. Così tutte le avversità, se vogliamo, diventano per noi un guadagno (*Detti dei padri*, Teodora 1).

Con l'umiltà dinanzi all'offesa, con la pazienza di fronte alle accuse, ho la possibilità di «guadagnare» Cristo, la comunione con lui nella «via stretta». Nessun cedimento all'acedia, al cattivo scoraggiamento che fa sognare un altrove, un *alibi*, che pretende di esonerarci dal vangelo, ma adesione all'*hic et nunc*: il credente nelle vicende quotidiane della vita sa discernere l'azione dello Spirito e cerca di trarre profitto da ogni circostanza, di vivere ogni evento come un'occasione offertagli per apprendere la libertà da sé, per imparare, anche se a caro prezzo, a cercare soltanto il regno di Dio, nella certezza che tutto ciò di cui ha bisogno gli sarà dato «in aggiunta» dal Padre suo (cfr. *Lc* 12,31).

Questo non vuol dire che le offese, le calunnie e le aggressioni da parte degli altri siano in sé cosa buona; ma resta vero, come ha scritto in una sua lettera Dietrich Bonhoeffer, che «attraverso ogni evento, quale che sia eventualmente il suo carattere non-divino, passa una strada che porta a Dio».[1] È il pensiero anche di Doroteo, che da parte sua scrive:

> Lotta per trovare in tutto di che accusare te stesso e resta convinto, con sapienza, di essere indegno di stima. Credi che tutto quello che ci riguarda, anche le più piccole cose, tutto avviene per un disegno di Dio, e sopporterai senza turbarti quello che ti accadrà. Credi che l'essere disprezzato e offeso è per te un rimedio contro l'orgoglio e prega per quelli che ti maltrattano come per i tuoi veri medici, certo che se uno odia essere disprezzato odia l'umiltà e se uno fugge chi lo fa irritare, fugge la mitezza. Non cercare di conoscere la malvagità del tuo prossimo, non fidarti dei sospetti che nutri contro di lui. Anche se la nostra malvagità li fa nascere, sforzati di trasformarli in pensieri di bene. Rendi grazie in tutto e acquisterai la bontà e la santa carità (*Lettera* 2,187).

Mite e umile di cuore

Chi è in fondo il cristiano per i padri di Gaza? È un uomo che, alla sequela del Signore, vuole diventare come lui *mite e umile di cuore* (*Mt* 11,29). La via cristiana è via di mitezza e di umiltà. Il Cristo mite e umile di cuore è l'icona del vero cristiano:

---

[1] D. Bonhoeffer, *Resistenza e resa*, Paoline, 1988, p. 236.

Chi vuole trovare il vero riposo per la sua anima impari l'umiltà... *Venite a me voi tutti che siete affaticati e oppressi e io vi darò riposo*, cioè : Ecco che avete provato la fatica, la miseria, avete fatto esperienza del male e della disobbedienza. Su venite, convertitevi... *Imparate da me che sono mite e umile di cuore e troverete riposo per le vostre anime* (*Insegnamenti* 1,8-9).

L'umiltà è l'atteggiamento indispensabile per l'obbedienza al comandamento del Signore. «Prima di ogni altra cosa abbiamo bisogno dell'umiltà [...] perché essa annienta ogni inganno del Nemico e avversario» (*Insegnamenti* 2,26). Vi sono due generi di umiltà:

Il primo consiste nello stimare il proprio fratello più intelligente e superiore in tutto; in una parola, come disse quel santo, nel mettersi al di sotto di tutti (cfr. *Detti dei padri*, Sisoès 13). Il secondo consiste nell'attribuire a Dio tutto quello che riusciamo a fare. Questa è l'umiltà perfetta dei santi che nasce dalla pratica dei comandamenti (*Insegnamenti* 2,33).

Il primo genere è solo un mezzo volontario di abbassamento e di nascondimento dinanzi al fratello, ma l'umiltà vera consiste nel riconoscere il proprio nulla dinanzi a Dio. «Quanto più i santi si avvicinano a Dio tanto più si riconoscono peccatori» (*Insegnamenti* 2,33). Ma i padri di Gaza amano parlare dell'umiltà con un termine raro che esprime in modo caratteristico e preciso il loro pensiero: *apsíphiston*. L'espressione è ripresa dai padri del deserto egiziano e Barsanufio vi ricorre soprattutto nelle lettere indirizzate a Doroteo. Letteralmente significa «assenza di voto»: è il ritenersi insignificanti e senza valore, spogliati di ogni potere, indegni di qualunque stima. Altre espressioni ricorrenti, come «non misurare sé stessi» o «non paragonare sé stessi» hanno un valore simile. Umiltà dunque come *de-centramento* da sé stessi, distacco da qualunque forma di autostima o dal desiderio di ricevere la lode degli altri. Il cristiano non deve preoccuparsi di ciò che vale, ma abbandonarsi semplicemente a Dio in un atto di fede. Ciò vuol dire in definitiva diventare cristocentrici: *Non sono più io che vivo, è Cristo che vive in me* (*Gal* 2,20). Ecco il senso dell'umiltà per i padri di Gaza.

La mitezza per Doroteo la si acquista attraverso la preghiera continua, l'accompagnamento dei padri e l'abbandono alla loro guida, la scoperta dell'equanimità e della compassione, frutto della sequela di Cristo fino alla croce. La mitezza nasce dal ricordo incessante di Dio durante la lettura, la meditazione e la salmodia. È anche una lotta incessante, un invito all'abbandono, uno spazio di grazia che ci viene donato, un luogo abitato dallo Spirito Santo che trasforma tutta la realtà. La mitezza apre all'amore. Al pari del ricordo incessante di Dio, essa è un dono che implica una docilità interiore ed esteriore. La docilità interiore è risultato di una lunga pratica di vita: apertura del cuore, risveglio di tutti i sensi all'evangelo, invocazione continua del Maestro mite e umile, intercessione del padre spirituale.

Ma per Doroteo il vero luogo di crescita nella conoscenza di sé e di guarigione è la vita comune tra i fratelli. Gli altri mi rivelano a me stesso e mi spingono a cambiare. Doroteo fa eco alla *Regola diffusa* 7 di Basilio sulla vita comune: finché uno vive da solo, può credere di amare tutti, ma la vita comunitaria è la rivelazione dei limiti, delle tenebre presenti in ciascuno. Basilio esprimeva questo concetto in forma più biblica, Doroteo narra le vicende e le esperienze della sua vita in comunità. È un osservatore attento, pronto a denunciare le sottili illusioni della *philautía*, dell'amore di sé. La «via della pace» parte dall'accusa di sé, dall'assunzione sincera della propria colpa. È questo l'inizio del cammino che porta ad avvicinarsi a Dio e agli altri; e più ci avviciniamo a Dio, più ci avviciniamo gli uni agli altri. Doroteo ha espresso questo concetto con la celebre immagine del cerchio, che dice di aver ripreso dai padri:

Immaginate che per terra vi sia un cerchio, una linea circolare tracciata con un compasso dal punto centrale. Si chiama centro il punto che sta proprio in mezzo al cerchio. Prestate attenzione a quello che vi dirò. Immaginate che questo cerchio sia il mondo; il punto centrale del cerchio, Dio; e i raggi che dalla circonferenza vanno al centro siano le vie, cioè i modi di vivere degli uomini. Poiché dunque i santi, spinti dal desiderio di avvicinarsi a Dio, avanzano verso l'interno, quanto più avanzano, tanto più si avvicinano a Dio e si avvicinano agli altri... E quando si separano da Dio e ritornano verso l'esterno, quanto più escono e si allontanano da Dio, tanto più si allontanano gli uni dagli altri (*Insegnamenti* 6,78).

Camminando verso il centro i volti si incontrano, si comunicano. Retrocedendo ed allontanandosi, rifiutando la comunione verso Dio e verso il prossimo, scompare la comunione dei volti e delle persone; ciascuno rimane nel suo egoismo, si chiude nella sua solitudine non illuminato dall'amore che viene da Dio né dall'amore che viene dal prossimo. L'allontanamento dal centro, dall'amore, porta alla disgregazione dell'isolamento, lontano da Dio e dal prossimo.

Ma l'amore vero è gratuito, presuppone un rispetto assoluto dell'altro e la rinuncia a ogni reciprocità. Ecco in definitiva il frutto della via della mitezza e dell'umiltà, il frutto della rinuncia alla volontà propria e a ogni pretesa di giudizio e di dominio sugli altri:

Non abbiamo nessun diritto sull'altro. Per amore infatti dobbiamo lasciar perdere ogni nostro diritto, dobbiamo assolutamente rinunciarvi. Nessuno dice al suo prossimo: «Perché non mi ami?», ma compie gesti d'amore e così trascina all'amore anche il prossimo (*Lettere* 16,201).

Enzo Bianchi, priore di Bose

Bose, 19 marzo 2013
San Giuseppe padre di Gesù secondo la Legge
Inizio del ministero petrino del vescovo di Roma Francesco

Fonti

BARSANUFIO E GIOVANNI DI GAZA, *Epistolario*, A CURA DI M.F.T. LOVATO - L. MORTARI, Città Nuova, 1991

DOROTEO DI GAZA, *Scritti e insegnamenti spirituali*, A CURA DI L. CREMASCHI, Paoline, 1980

L. MORTARI (A CURA DI), *Vita e detti dei padri del deserto*, Città Nuova, 2005[4]

INDICE

Finito di stampare nel mese di marzo 2013
da Tipolitografia LA GRAFICA, Vago di Lavagno (VR)